글 심순덕
『엄마는 그래도 되는 줄 알았습니다』가 『좋은생각』100호 기념 100인 시집에 뽑히고
KBS ≪TV동화 행복한 세상≫에 방영되면서 시인으로 이름을 알렸다.
이 시는 독자들의 관심과 사랑으로 네티즌이 뽑은 어머니 대표시 1위,
직장인들이 뽑은 내 인생의 시 한 편 1위, 낭송가들이 가장 많이 애송하는 시 1위에 오르기도 했으며,
중학교 교과서에도 수록되었다.
이효석 전국 백일장 장원, 김삿갓 전국 백일장 장원, 한국문인 시 문학상,
소월문학상 등을 수상하였다.
시집 『엄마는 그래도 되는 줄 알았습니다』 발간 후, 『가슴속에 사는 이름』, 『내 삶에 詩를 심다』,
『눈물꽃』 등을 냈으며, 『엄마 마음, 태교시』를 엮었다.
가난한 마음으로 서정적인 시를 쓰는 시인은 호반의 도시 춘천에 살고 있다.

그림 신진호
대학과 대학원에서 조형 예술을 공부하고 일러스트레이터로 활동 중이다.
그린 책으로 『어린이를 위한 역사의 쓸모』, 『밤의 끝을 알리는』, 『우리는 벚꽃이야』,
『여름맛』, 『퓨마의 오랜 밤』, 『그냥 베티』 등이 있다.
세계문학그림책 시리즈에는 『오만과 편견』, 『모비 딕』, 『카라마조프가의 형제들』, 『인간의 대지』 등에 그림을 그렸다.
홈페이지 grafolio.com/shinjino 인스타그램 instagram.com/sunnyshino

엄마는 그래도 되는 줄 알았습니다

2025년 10월 15일 1판 1쇄 인쇄
2025년 10월 25일 1판 1쇄 발행

시_심순덕 그림_신진호

발행인_황민호
캐릭터비즈사업본부장_석인수
편집 진행_그림책 · 별꽃
디자인_SALT&PEPPER
발행처_대원씨아이(주) www.dwci.co.kr 서울시 용산구 한강대로 15길 9-12
전화_02-2071-2151(편집) 02-2071-2066(영업)
팩스_02-794-7771
등록번호_1992년 5월 11일 등록 제3-563호

©심순덕, 2025
ISBN 979-11-423-3278-4 (77800)

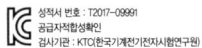 성적서 번호: T2017-09991
공급자적합성확인
검사기관 : KTC(한국기계전기전자시험연구원)

엄마는 그래도 되는 줄 알았습니다

시 심순덕 그림 신진호

엄마는
그래도 되는 줄 알았습니다
하루 종일 밭에서 죽어라 힘들게 일해도

엄마는
그래도 되는 줄 알았습니다
찬밥 한 덩이로 대충 부뚜막에 앉아 점심을 때워도

엄마는
그래도 되는 줄 알았습니다
한겨울 냇물에서
맨손으로 빨래를 방망이질해도

엄마는
그래도 되는 줄 알았습니다
배부르다 생각 없다
식구들 다 먹이고 굶어도

엄마는
그래도 되는 줄 알았습니다
발뒤꿈치 다 헤져 이불이 소리를 내도

엄마는
그래도 되는 줄 알았습니다
손톱이 깎을 수조차 없이 닳고 문드러져도

엄마는
그래도 되는 줄 알았습니다
아버지가 화내고
자식들이 속썩여도
전혀 끄떡없는

엄마는
그래도 되는 줄 알았습니다
외할머니 보고 싶다
외할머니 보고 싶다,
그것이 그냥 넋두리인 줄만…

한밤중 자다 깨어
방구석에서 한없이 소리 죽여 울던
엄마를 본 후론

아!
엄마는 그러면 안 되는 것이었습니다

엄마는 그래도 되는 줄 알았습니다

심순덕

엄마는
그래도 되는 줄 알았습니다
하루 종일 밭에서 죽어라 힘들게 일해도

엄마는
그래도 되는 줄 알았습니다
찬밥 한 덩이로 대충 부뚜막에 앉아 점심을 때워도

엄마는
그래도 되는 줄 알았습니다
한겨울 냇물에서 맨손으로 빨래를 방망이질해도

엄마는
그래도 되는 줄 알았습니다
배부르다 생각 없다 식구들 다 먹이고 굶어도

엄마는
그래도 되는 줄 알았습니다
발뒤꿈치 다 헤져 이불이 소리를 내도

엄마는
그래도 되는 줄 알았습니다
손톱이 깎을 수조차 없이 닳고 문드러져도

엄마는
그래도 되는 줄 알았습니다
아버지가 화내고 자식들이 속썩여도 전혀 끄떡없는

엄마는
그래도 되는 줄 알았습니다
외할머니 보고 싶다
외할머니 보고 싶다, 그것이 그냥 넋두리인 줄만…

한밤중 자다 깨어 방구석에서 한없이 소리 죽여 울던
엄마를 본 후론

아!
엄마는 그러면 안 되는 것이었습니다